10.95

D1231026

TAO TE KING

« *Spiritualités vivantes* »

SÉRIE TAOÏSME

LAO TSEU

Tao Te King

Le livre de la voie
et de la vertu

Traduction par Ma Kou
Adaptation et préface par Marc de Smedt

Albin Michel

Albin Michel
■ *Spiritualités* ■

Collections dirigées
par Jean Mouttapa et Marc de Smedt

© Éditions Albin Michel S.A., 1984
22, rue Huyghens, 75014 Paris

ISBN 2-226-02118-3
ISSN 0151-4857

INTRODUCTION

Une nouvelle version de ce chef-d'œuvre de la littérature universelle, le Tao Te King?

En quoi sera-t-elle meilleure, en quoi ne trahira-t-elle pas, plus ou moins, le message légué il y a 2 400 ans par « le vieux » Lao Tseu, sage chinois, auteur présumé de ce texte essentiel, pilier du taoïsme?

Lorsqu'elle me fut proposée, j'eus l'impression, fort objective, d'avoir en main un diamant engoncé dans sa gangue minérale. Le fait que son auteur soit lui-même taoïste et pratiquant des anciens exercices de méditation me fit comprendre la véracité d'une interprétation vue de l'intérieur. Et mon travail consista à adapter, en communauté d'esprit, un texte dont le sens s'osmose avec la conscience de l'impermanence : transformation incessante de toutes choses et situations, mutations du flux du yin et du yang, avec cet esprit du plein et du vide qui caractérisent la pensée orientale, spécialement taoïste, mais aussi ch'an et zen.

Celui qu'on appela après sa mort Lao Tan (Lao Tseu), soit Vieille Oreille Longue, ou Vieux Maître, aurait donc, d'après l'historien Seu-Ma-Tsieu (163-85 av. J.-C.), vécu six siècles avant notre ère. Contemporain mais plus âgé que Confucius, qu'il rencontra en une

11

entrevue[1] où le mythe et l'histoire se mêlent, le *Comte Soleil* de son nom de lettré, le Sage caché (nom donné par la tradition populaire), aurait été un archiviste de la Cour impériale, alors située à Loyang dans la province centrale du Honan.

La légende dit que, lassé des discussions politiques et de la bêtise humaine, Lao Tseu, monté sur un bœuf noir, s'exila pour une retraite définitive. Arrivé à la passe frontalière de Han Kou, un garde, le reconnaissant, lui aurait demandé de laisser un écrit pour l'éducation de l'espèce humaine ; le vieux sage aurait rédigé alors quelque cinq mille caractères chinois, avant de disparaître vers l'ouest.

Ainsi aurait été enfanté cet ouvrage, qui défie le temps. Il est intéressant de constater que, le même siècle, deux messages fulgurants allaient donc illuminer l'humanité : celui de Bouddha en Inde[2], celui de Lao Tseu en Chine. Leur influence s'accroît toujours pour le grand bénéfice de l'évolution qui, actuellement et plus que jamais, a bien besoin de ces lucidités-là, exemples que nous offre à méditer le passé.

Que dire encore ? Sinon que le terme *tao* se trouve ici employé indifféremment sous les termes « voie » (du milieu) et « tao » (parfait mot-symbole). Quant au terme *Chong Jen*, l'homme qui réalise en lui la voie, cet idéal, nous avons préféré le traduire par le mot « sage » plutôt que par « saint », la première expression nous paraissant plus proche de chacun d'entre nous car combien plus accessible. La sagesse n'est-elle pas une question de travail sur le temps dont nous disposons en

1. Où Lao Tseu aurait vivement démonté la « doctrine de l'Etat » de Confucius.
2. Voir mon ouvrage : *Itinéraire sur les pas du Bouddha* (éd. Retz).

cette vie[1], d'équilibre à gagner et de conscience à élargir ?

Alors prêtons notre attention à la voie de l'éveil dans l'esprit du tao, cette imperfection perfectible.

Marc de Smedt

---

1. Comme l'a bien souligné Jean-Louis Servan-Schreiber dans cet ouvrage si taoïste : *L'Art du temps* (éd. Fayard).

LA VOIE

1

La vérité[1] que l'on veut exprimer
N'est pas la vérité absolue.
Le nom qu'on lui donne
N'est pas le nom immuable.

Vide de nom[2]
Est l'origine du ciel et de la terre.
Avec nom[3]
Est la mère des multitudes d'êtres[4].

Le vide de l'être
Médite la racine de toutes choses.

L'être
Considère ses manifestations.

Tous deux sont un
Mais par leurs noms diffèrent.

Un qui est secret
Mystère du mystère

Porte secrète des mystères.

1. Tao.
2. Non-être, néant.
3. Etre.
4. La création sous toutes ses formes.

2

Dans le monde chacun décide du beau
Et cela devient le laid.

Par le monde chacun décide du bien
Et cela devient le mal.

L'être et le vide[1] s'engendrent
L'un l'autre.
Facile et difficile se complètent
Long et court se définissent
Haut et bas se rencontrent
L'un l'autre.
Voix[2] et sons s'accordent
Avant et après se mêlent.

Ainsi le sage, du non-agir[3]
Pratique l'œuvre
Et enseigne sans paroles.

Multitudes d'êtres apparaissent
Qu'il ne rejette pas.
Il crée sans posséder

1. Ce qui a une forme et ce qui n'a pas de forme.
2. Notes.
3. Respect de l'ordre naturel.

Agit sans rien attendre
Ne s'attache pas à ses œuvres

Et dans cet abandon
Ne demeure pas abandonné.

3

Si le mérite des hommes n'est plus favorisé[1]
La contestation ne pénètre plus les gens du peuple.

Si les biens précieux ne sont plus recherchés
Le vol disparaît de l'esprit du peuple.

Si ce qui éveille les désirs n'est plus exhibé
Le trouble du cœur du peuple s'éloigne.

Ainsi, pour gouverner le peuple,
Le sage vide les consciences mais emplit les ventres
Affaiblit les volontés mais fortifie les os.

Il garde le peuple hors science ni désir
Et s'assure que l'habileté n'ose manipuler.

Par la vertu du non-agir
L'ordre se maintient, naturel.

1. Honoré, glorifié.

4

Le tao[1] est vide
Jamais l'usage ne le remplit.
Gouffre sans fond
Il est l'origine[2]
De la multitude des êtres et des choses.

Il émousse ce qui tranche
Démêle les nœuds.
Discerne dans la lumière
Assemble ce qui, poussière, se disperse.

D'une profondeur invisible
Il est là
Enfant de l'inconnu
Ancêtre des dieux.

1. La vérité, la voie, le sens.
2. La racine ancestrale.

Rudes sont le ciel et la terre
Qui traitent en chiens de paille[1]
La multitude d'êtres.
Rude est le sage
Qui traite le peuple en chien de paille.

L'espace entre ciel et terre
Pareil à un souffle
Est vide et ne s'affaisse pas.
Exhalé il est inépuisable.

La parole conduit au silence
Autant en pénétrer le sens[2].

1. Objets rituels, créés avec vénération puis détruits une fois leur rôle assumé. De même la vie anime les êtres puis se retire.
2. Le centre des choses.

6

L'esprit de la vallée[1] ne peut mourir
Mystérieux féminin[2].

Du cœur de cette mystérieuse obscurité
Sort la racine du ciel et de la terre

Sans cesse elle croît
Invisible, sans effort.

1. L'esprit du vide.
2. Femelle obscure, noyau de nuit.

Ciel et terre demeurent.
Pourquoi durent-ils ?

Ils ne vivent pas pour eux-mêmes
Ainsi continuent-ils d'exister.

De même le sage s'efface
Et par là apparaît.

Il s'oublie lui-même
Et atteint le vivant.

Par le détachement[1]
Il réalise sa perfection.

1. Désintéressement, abnégation.

L'eau est bienfaisante
Elle sert à tous sans différence
Coule où personne ne séjourne
Et se trouve toute proche du tao.

Pour une maison l'emplacement est essentiel.
Pour la conscience importe la profondeur.
Envers un allié importe la bienveillance.
Par la parole l'authenticité se révèle.
Dans l'art de gouverner se manifeste l'ordre.
Dans les affaires compte la capacité.
Et l'action juste résulte du choix du moment.

Ne rivalisant avec personne
On reste irréprochable.

Plutôt que tenir et remplir jusqu'à ras bord
Mieux vaut savoir s'arrêter à temps.

Marteler et aiguiser sans cesse
Ne préserve pas la lame.

Tout l'or et le jade qui remplissent une salle
Ne peuvent être gardés par personne.

Qui tire fierté de sa richesse et puissance
S'attire le malheur.

L'ouvrage accompli
Se retirer

Tel est le sens de la voie.

Peut-on par l'âme du corps
Embrasser l'âme de l'esprit
Et concevoir l'unité ?

Peut-on concentrer l'expir et l'inspir du souffle
Et le rendre aussi souple que celui du bébé ?

Peut-on purifier le miroir secret
Jusqu'à rendre le regard pur ?

Peut-on gouverner l'Etat et veiller sur le peuple
Par la pratique du non-agir ?

Lorsque les portes du vide[1]
S'ouvrent et se ferment
Sait-on demeurer passif telle la femme ?

Pénétrer les quatre directions
Sans en rien savoir ?

Créer et développer,
Produire sans posséder,

Agir sans retenir,
Multiplier sans contraindre,
Ceci se nomme vertu mystérieuse.

---

1. Portes du ciel, invisibles, par où entrent et sortent les existences.

11

Trente rayons se joignent au moyeu
Un, qui permet l'usage du char dans l'espace.

On pétrit l'argile pour en faire un vase
Mais sans le vide interne
Quel usage en ferait-on?

Portes et fenêtres sont percées
Pour bâtir une chambre
Seul le vide en permet l'usage.

L'être crée des phénomènes
Que seul le vide permet d'utiliser.

12

Les cinq couleurs aveuglent
Les cinq notes rendent sourd
Les cinq saveurs émoussent le goût.

Courses et chasses excitent la bestialité
Biens précieux entravent le progrès.

Aussi le sage
Se concentre dans l'abdomen[1]
Et non dans l'œil.
Rejette toute l'influence
Et demeure centré.

1. Le ventre et non l'estomac. Cette zone située à trois largeurs de doigt du nombril est appelée aussi « l'océan de l'énergie » ; les souffles s'y harmonisent et y trouvent leur plénitude. La pratique de la méditation, du Tai Chi ou des arts martiaux est basée sur une respiration abdominale qui permet à l'être humain de trouver son centre de gravité.

Faveur et disgrâce sont des événements saisissants.
Elévation et dommage sont perçus par le corps.

Que signifie
Faveur et disgrâce sont des événements saisissants ?
Faveur qui arrive surprend.
Faveur qui se retire surprend.
Tel est le sens de :
Faveur et disgrâce sont événements saisissants.

Que signifie
Elévation et dommage sont perçus par le corps ?
Le dommage éprouve mon être.
Le dommage n'éprouve pas le non-être.

A celui qui estime le monde au prix de sa personne
On peut remettre le monde.
A celui qui gouverne le monde comme sa personne
On peut confier le monde.

13

14

Ce que l'on ne peut voir
Est appelé invisible
Ce que l'on ne peut entendre
Est appelé inaudible
Ce que l'on ne peut toucher
Est appelé imperceptible.

Trois éléments indéchiffrables
Qui se confondent en un.

L'aspect supérieur est non lumineux
L'aspect inférieur est non obscur.

Indéfini il ne peut être nommé.
Forme sans forme
Image sans image
Clair-obscur indistinct.

On ne peut voir son visage
Ni suivre son dos.
Pourtant qui suit l'antique voie
Saura maîtriser le présent.

Connaître l'origine
Revient à marcher sur la voie.

15

En union subtile avec les forces invisibles
Les sages de l'antiquité
Etaient si mystérieusement profonds
Qu'on ne pouvait les connaître
Et à peine les décrire.

Hésitants comme qui passe une rivière en hiver
Prudents comme celui qui craint l'environnement
Dignes comme un hôte
Muables comme la glace qui peut fondre
Simples comme un bois non taillé
Creux comme la vallée
Obscurs comme de l'eau opaque

Ils savaient passer
Doucement dans l'immobilité
Et du trouble à la clarté.
Puis par le mouvement du calme à l'action.

Préservant leurs expériences
Ils ne désiraient pas être remplis
Et n'étant jamais emplis
Ils savaient être usés
Et pourtant toujours se renouveler.

Plein du seul vide
Ancré ferme dans le silence
La multiplicité des êtres surgit
Tandis que je contemple leurs mutations.

La multiplicité des êtres
Fait retour à sa racine.
Revenir à sa racine
C'est atteindre le silence[1].
Le silence permet de trouver son destin.
Retrouver son destin renoue avec le ferme[2].
Renouer avec le ferme amène l'éveil.
Ne pas connaître l'éveil
Conduit à la confusion.

Connaître l'éveil
Ouvre à l'impartial
L'impartial s'ouvre au royal
Le royal s'ouvre sur l'éternel
L'éternel coïncide avec le tao
Qui fait un avec la voie du tao
Rien ne peut l'atteindre
Même la mort.

1. La quiétude.
2. La constance.

Un souverain éminent
Reste inconnu aux yeux du peuple.
Puis vient celui que le peuple aime et loue
Puis celui dont il a peur
Enfin celui qu'il méprise.

Lorsque manque la confiance
La loyauté disparaît.

Le vrai dirigeant garde ses paroles
Accomplit sa tâche
Poursuit son œuvre.
Alors le peuple dit :
Nous sommes libres[1].

---

1. Ou : Nous accomplissons l'œuvre nous-mêmes.

18

Le sens du Tao perdu
Morale et justice apparaissent
Suivis de l'intelligence et de l'habileté
Qui engendrent la vaste duplicité.

Lorsque les six relations se désaccordent
S'imposent alors amour et devoir filial.

Lorsque les Etats tombent dans le désordre
Apparaissent alors les serviteurs loyaux.

Rejetée la théorie, écarté le savoir
Le peuple en tire cent bénéfices.

Rejetée la morale, écartée la justice
Le peuple retrouve amour et devoir filial.

Rejetée la malignité, écarté le profit
Et voleurs et bandits disparaissent.

Ces trois faits, inexistants si simulés,
Peuvent se résumer ainsi :
Demeurer simple
Rester intègre
Etre désintéressé
Réfréner les désirs.

20

Rompre avec l'étude délivre des soucis.

Quelle différence existe
Entre affirmation et approximation ?
Quelle distance existe
Entre ce que l'on juge bon ou mauvais ?

La crainte est la peur de l'homme
Il faut la polir au-delà de toute limite.

Les gens du peuple rient
Comme s'ils festoyaient à la fête de tai-lao [1]
Ou s'ils grimpaient aux terrasses du printemps.

Seul, je reste l'esprit vide.
Sans signes révélés
Comme le tout nouveau né qui ne sait pas rire.
Errant sans but et comme sans logis.

Chacun gère ses possessions
Seul, je parais démuni de tout.
Les gens du peuple savent tout
Seul, je parais ignorant.
Les gens du peuple sont affairés
Seul, je parais calme.

1. Grand sacrifice de trois animaux : bœuf, mouton et cochon.

Mon esprit est changeant comme la mer.
Il souffle léger comme le vent, libre comme l'air.

Chacun suit ses résolutions
Seul, je parais gauche et inutile.
Seul, je diffère des autres
Et respecte la mère nourricière.

Dans sa constance l'être de vertu
Trouve le sens de la voie.

Le sens de la voie
Est indistinct et plein d'ombres.
Insaisissable et obscur
Et pourtant image réelle[1].
Brumeux et flou
Et pourtant substance[2].
Vague et chaotique
Et pourtant essence[3].
Cette existence véritable
Peut vraiment être savourée[4].
Depuis l'antiquité jusqu'à ce jour
son nom reste inchangé
Et donne naissance à tous les êtres
Par quel moyen connaître le germe de tout être ?
Par ce moyen-là.

1. Visible.
2. Tangible.
3. Limpide.
4. Tastée.

22

Plié mais entier
Courbé mais droit
Vide mais rempli
Usé mais neuf.

Ayant peu, mais demeurant comblé.
Ayant beaucoup, mais demeurant perplexe.

Ainsi agit le sage,
Qui embrasse l'unité
Pour être le modèle du monde.

Il ne se montre pas et met en évidence
Il ne s'affirme pas mais éveille
Il ne se loue pas mais son mérite s'impose
Il ne se vante pas mais il dure
Il ne rivalise avec personne
Personne ne rivalise avec lui.

L'ancien adage : plié mais entier
N'est pas parole vide.
Il permet de rester intègre
Sans cesse.

23

Parler peu
Est naturel.

Une bourrasque ne dure tout le matin.
Une averse ne dure tout le jour.
Qui les produit ?
Le ciel et la terre.
Si ce ciel et cette terre
Ne produisent rien de durable
Comme l'être humain le pourrait-il ?

A cause de cela même
Celui qui se conforme à la voie, prend la voie
Celui qui se conforme à la vertu, devient la vertu
Celui qui se conforme à la perte, connaît la perte.

Là où manque la foi, la foi vient à manquer.

24

Celui qui se dresse sur la pointe des pieds
Perd vite l'équilibre.
Qui marche à pas démesurés
Ne tiendra pas la distance.

Qui veut briller n'éclaire pas
Qui se fait valoir n'impose pas
Qui se glorifie n'a point de mérites
Qui s'exalte lui-même ne sera pas reconnu.

Pour la voie du Tao ce sont là
Excès de nourriture et excroissances inutiles
Pratiques détestables à tous.

Celui qui suit la voie
Les écarte.

25

Quelque chose de confus et mélangé
Etait là
Avant la naissance du ciel et de la terre

Fait de silence et de vide
Seul et immobile
Circulant partout sans s'user
Capable d'être la genèse de l'univers

Son nom reste inconnu
On l'appelle Tao.
Et, pourquoi pas,
Grand absolu.

Grand car il y a expansion
Expansion toujours plus loin
Distance qui s'en revient[1].

Ainsi, grande est la voie
Grand est le ciel, grande est la terre
Grand, l'être.

Dans l'univers existent quatre grandeurs
Dont l'être.

1. Spirale avec son retour.

L'être humain se modèle sur la terre
La terre sur le ciel
Le ciel sur la voie
Et la voie demeure naturelle.

26

Le lourd est la racine du léger
Le calme est maître de l'agitation.

Ainsi le sage voyage tout le jour
Il chemine avec son bagage

Serein et détaché
Spectateur des merveilles qu'il contemple.

Comment le seigneur de dix mille choses
Pourrait-il se préférer
Aux yeux de l'empire ?

Trop léger il perd la racine
Trop agité il perd la maîtrise.

Celui qui sait voyager ne laisse pas de traces.
Celui qui sait parler ne fait pas de fautes.
Celui qui sait compter n'a pas besoin de boulier.
Celui qui sait garder n'a nul besoin de serrures
Pour fermer, ni de clés pour ouvrir.
Celui qui sait lier n'utilise pas de cordes
Pour nouer.

Ainsi le sage se consacre
A sauver les êtres humains
Sans rejeter personne.
Il se consacre à préserver les choses
Sans rien abandonner.
C'est là pratiquer la claire lumière.

Ainsi le juste enseigne l'injuste.
L'injuste est la matière du juste.

Ne pas révérer l'enseignement subtil
Ne pas respecter la matière brute
Amène grande erreur
Quel que soit le savoir.

L'essentiel est énigme.

28

Connaître le mâle
Préserver la femelle
Etre ainsi le ravin du monde.

Qui est le ravin du monde
La vertu constante ne le quitte point
Et il retrouve l'innocence de l'enfant.

Connaître le blanc
Préserver le noir
Etre ainsi la norme du monde.

Qui est la norme du monde
La vertu constante ne l'abandonne point
Et il retrouve l'infini.

Connaître l'honneur
Préserver l'humilité
Etre ainsi la vallée du monde.

Qui est la vallée du monde
La vertu constante lui est toujours abondante
Et il retourne à l'état de bois brut.

L'état de bois brut sert à creuser des ustensiles.
En suivant la nature
Le sage règne sur les charges
Car bonne coupe suit le fil[1].

1. ... du bois.

29

Quiconque veut saisir l'empire
Et le diriger à sa guise
Ne peut y parvenir
Je le sais.
L'empire est un récipient sacré
Qu'on ne peut manier à son gré.
Car qui le fait le ruine
Qui croit le tenir le laisse échapper.

Certains conduisent, d'autres suivent
Certains respirent légèrement, d'autres puissamment
Certains sont forts, d'autres sont faibles
Certains détruisent, d'autres sont détruits.

Ainsi le sage évite l'excès,
L'extravagance et l'arrogance.

30

Un prince conseillé selon la voie
Ne soumet pas l'empire par les armes
Car il connaît le choc en retour.

Là où l'armée a campé
Les épineux croissent.
Là où une armée est levée
Les mauvaises récoltes surviennent.

Aussi l'homme juste doit-il se montrer résolu
Sans user de forces.

Résolu sans fanfaronnades
Résolu sans orgueil
Résolu sans arrogance
Résolu car il n'y a pas d'autre choix
Résolu sans violence.

La puissance blesse l'âge
Elle va à l'encontre de la voie.
Ce qui va contre la voie
Se termine précocement.

Les armes sont les instruments d'un destin de malheur
Elles doivent être détestées
Celui qui suit la voie ne les emploie pas.

Pour un homme noble
La place d'honneur est à gauche
Mais se situe à droite,
Pour l'homme de guerre.

Les armes sont les instruments
D'un destin malheureux.
Elles ne sont pas les outils d'un homme noble
Sauf quand il ne peut agir autrement
Car il honore le calme et la paix.

Il ne trouve pas de gloire dans la victoire
Car s'en glorifier reviendrait à glorifier un crime.
Celui qui glorifie le crime d'autres hommes
Ne devrait jamais gouverner l'empire.

Les jours fastes la gauche est la place d'honneur.
Les jours de deuil la droite est place d'honneur.
La place du lieutenant est à gauche
La place du général est à droite
Les rites de deuil sont par là même observés.

Il convient de pleurer le massacre des hommes
Avec tristesse et compassion.
Et lors d'une victoire au combat
Il convient de suivre les rites funéraires.

La voie est sans nom
Primitive comme la nature du bois.
Tellement infime
Que personne ne peut l'asservir.

Si princes et seigneurs savaient la tenir,
D'un commun accord
Toutes les créatures se soumettraient,
Le ciel et la terre s'uniraient
En une douce rosée.
Et sans décrets
Les peuples se pacifieraient.

La différence crée les noms.
Dès que les noms existent
La séparation existe.
Si l'on sait où s'arrêter
On se libère du danger.

La voie est au monde
Ce que sont les fleuves et la mer
Aux torrents et rivières.

Qui connaît les autres a l'intelligence
Qui se connaît lui-même a le discernement
Qui triomphe des autres est fort
Qui triomphe de lui-même possède la force
Qui sait se contenter est riche
Qui sait persévérer est volontaire
Qui sait demeurer est stable
Qui vit la mort jouit d'une longue vie

La grande voie est large
Touchant la droite et la gauche.

La multitude des êtres lui doivent la vie
Sans qu'elle demande en retour.

Elle accomplit son œuvre
Sans vouloir posséder.

Elle vêt et nourrit tous les êtres
Sans apparaître comme maître.
Constante, sans désirs,
On peut la dire petite.

Les êtres dépendent d'elle
Sans qu'elle soit souveraine :
On peut la dire grande.

Parce qu'elle ne se veut pas grande
Elle mène à terme le grand œuvre.

Celui qui est fidèle au grand œuvre[1]
Le monde vient à lui.
S'il vient ainsi et n'en éprouve aucun mal
Il trouve paix et équilibre.

Musique et nourriture
Arrêtent celui qui passe
Mais la voie qui traverse la bouche
Est sans saveur.

Elle ne peut être vue
Elle ne peut être entendue
Pourtant elle s'avère inépuisable.

1. Grand symbole, grande image.

36

Pour parvenir à rétrécir
Il faut d'abord laisser s'étendre.

Pour parvenir à affaiblir
Il faut d'abord renforcer.

Pour parvenir à éliminer
Il faut d'abord exalter.

Pour parvenir à prendre
Il faut d'abord donner.

Cela est subtile compréhension.

Car le souple et le faible
Triomphent du dur et du fort.

Le poisson ne peut vivre hors des profondeurs.

Les moyens d'action d'un gouvernement
Ne doivent être révélés à quiconque.

37

La voie n'agit pas en elle-même
Et pourtant rien ne se fait sans elle.

Si princes et seigneurs pouvaient s'y tenir
La multiplicité des êtres
Se transformerait d'elle-même.

Si, durant la transformation,
Le désir vient à s'élever
Il s'assagit de par la force
De la nature du sans-nom.

La nature simple du sans-nom[1]
Est libre de désir.

Libre de désir et calme
L'empire restera en paix de lui-même.

---

1. Le bois brut, sans nom.

LA VERTU

38

La plus grande vertu s'ignore
Et c'est la raison de sa vertu.
La plus petite vertu se donne à voir
Et c'est la raison de son manque de vertu.

La première n'agit pas
Et pourtant, sans but, ne laisse rien inachevé.
La seconde agit
Et pourtant n'atteint pas son but.

Une grande bienveillance agit
Sans motifs.
Une grande rectitude agit
Mais en suivant ses motifs.
La pratique de rites parfaits agit
Mais sans réponse, persuade par sa puissance.

Ainsi, de la voie perdue vient la vertu
De la vertu perdue vient la bienveillance
De la bienveillance perdue vient la rectitude,
De la rectitude perdue surviennent les rites.
Les rites sont la peau de la loyauté et de la confiance
Mais aussi le début du désordre.
Connaissance et prévoyance fleurissent la voie
Mais marquent le commencement de la sottise.

Ainsi l'être à vaste conscience
Prend ses racines dans le tréfonds

Et non dans la surface.
Il attend du fruit
Et non de la fleur.
Il rejette la superficie
Pour adhérer à l'intime.

39

Depuis l'origine, parvinrent à l'unité
Le ciel qui, dans l'unité est limpide
La terre qui, dans l'unité, est tranquille
Les dieux qui, dans l'unité, sont puissants
Les vallées qui, dans l'unité, sont pleines
La multiplicité des êtres
Qui dans l'unité, prennent vie
Seigneurs et princes, qui dans l'unité, gouvernent.

Seule l'unité fait ce qu'ils sont.

Si le ciel n'est pas limpide, il se déchire
Si la terre n'est pas tranquille, elle tremble
Si les dieux ne sont pas puissants, ils disparaissent
Si les vallées ne sont pas pleines
Elles deviennent arides
Si la multiplicité des êtres n'est pas riche de vie
Ils périssent
Si seigneurs et princes ne gouvernent pas, ils sont
    renversés.

Ainsi le noble doit-il avoir l'inférieur comme racine
Le haut doit-il avoir le bas comme fondement.
Si seigneurs et princes se révèlent
Solitaires, désolés et malheureux
Alors prennent-ils l'inférieur comme racine
Sans doute aucun.

Le plus haut renom est sans renom
Ne voulant pas être supérieur aux autres,
Tel le jade
Ni à l'écart,
Tel une pierre.

Le retour est la façon dont la voie se meut
La fluidité est le moyen qu'elle emploie

La multiplicité des êtres
Est née de quelque chose

Et ce quelque chose
De rien.

Lorsqu'un esprit sage entend parler de la voie
Il la met en pratique avec assiduité.
Lorsqu'un esprit moyen entend parler de la voie
Elle lui paraît aller et venir.
Lorsqu'un esprit superficiel entend parler de la voie
Il éclate de rire.
S'il n'éclatait pas de rire
Cela serait indigne de la voie.

Ainsi un vieil adage[1] dit :

La voie brillante paraît terne
La voie qui progresse paraît régresser
La voie régulière paraît rude
La plus haute vertu est comme la vallée
La blancheur la plus éclatante paraît morose
La vertu accueillante paraît rébarbative
La vertu intense paraît morne
La substance pure paraît souillée.

Le grand carré n'a pas d'angles
Le grand vase est long à modeler
La grande musique est au-delà du son
La grande image n'a pas de forme.

1. Qu'on retrouve dans Tchoueng Tseu.

La voie cachée est sans nom
Et pourtant elle seule, parfaite,
Accorde et accomplit.

La voie engendre le un
Le un engendre le deux
Le deux engendre le trois
Trois engendre la multiplicité des êtres.

La multiplicité des êtres porte[1] le yin[2]
Et embrasse[3] le yang[4].
Chaque être est le mélange engendré
Par ces deux forces.

Les êtres humains n'aiment pas
Etre considérés comme solitaires,
Désespérés et sans mérites.
Et pourtant seigneurs et princes
Doivent se référer à ces états naturellement.

Ainsi, une chose diminuée s'en trouve augmentée
Et une chose augmentée s'en trouve diminuée.

J'enseigne ce que d'autres ont enseigné :
La violence[5] n'amène pas une mort naturelle
Que ceci soit mon précepte maître.

1. Sur le dos.
2. L'obscur.
3. Dans ses bras.
4. Le lumineux.
5. Le violent ne meurt pas de sa belle mort.

43

La chose la plus souple du monde
L'emporte en âpreté sur le plus dur.

Ce qui est sans substance
Pénètre même dans ce qui n'a pas de faille[1].
L'enseignement qui n'utilise pas de parole,
Le bénéfice du non-agir,
Rares sont ceux qui les comprennent.

1. Pas de vide.

La renommée ou la personne
Quel est le plus précieux bien ?

La personne ou les biens matériels
Lequel a le plus de valeur ?

Du gain ou de la perte
Quel est le poison ?

Trop d'attachement
Conduit à l'épuisement.
Trop de réserves
Conduisent à de lourdes pertes.

Se contenter de peu
Evite toute disgrâce.

Qui sait se réfréner
Ne rencontre pas le danger
Et peut durer.

45

La grande perfection semble ébauchée
Mais son usage est sans fin.

Une grande plénitude semble vide
Mais son usage est inépuisable.

Une grande franchise semble fausse
Une grande adresse semble maladroite
Une grande éloquence semble muette.

Le mouvement surmonte le froid
Le calme surmonte la chaleur.

Par la clarté et la quiétude
On peut gouverner[1].

---

1. Se diriger soi-même et les affaires du monde.

46

Quand l'esprit de la voie domine l'empire
Les chevaux traînent les charrues dans les champs.
Quand l'esprit de la voie a quitté l'empire
Les chevaux de guerre pâturent aux faubourgs.

Il n'existe pas de plus grand crime
Que celui de ne savoir réfréner ses désirs.
Il n'existe pas de désastre plus grand
Que celui de ne savoir se contenter.
Il n'existe pas de plus grand malheur
Que celui causé par l'esprit de convoitise.

Ainsi, en sachant se contenter,
L'on ne manque jamais de rien.

Sans franchir le seuil
Connaître l'univers.

Sans regarder par la fenêtre
Entrevoir la voie du ciel.

Le plus loin on se rend
Moins on connaît.

Ainsi le sage
Connaît
Sans avoir besoin de bouger
Comprend
Sans avoir besoin de regarder
Accomplit
Sans avoir besoin d'agir.

Dans l'étude poursuivie
On apprend de plus en plus
Chaque jour.

A la poursuite de la voie,
On s'appauvrit
Chaque jour

De plus en plus,
Jusqu'à ce que rien
Ne demeure inachevé.

L'empire se donne toujours
A celui qui est au-dessus de l'agitation.
Celui qui s'affaire dans l'agitation
Demeure incapable de l'obtenir.

Le sage n'a pas de conscience personnelle
Il fait sienne la conscience d'autrui.

Bon avec les bons,
Bon avec les malintentionnés,
Car la vertu est bonté.

Loyal face à la fidélité,
Loyal face à l'infidélité,
Car la vertu est loyauté.

L'existence du sage
Bouleverse l'esprit du peuple
Et l'unifie.
Le peuple tourne ainsi vers lui
Yeux et oreilles
Et le sage
Le traite comme son enfant.

50

Sortir et vivre
Entrer et mourir.

Trois hommes sur dix marchent sur le chemin de vie.
Trois hommes sur dix marchent sur le chemin de mort.
Trois hommes sur dix, vivants,
Marchent dans le royaume de la mort[1].

On dit de celui qui sait mener sa vie
Qu'il ne rencontre pas le rhinocéros ou le tigre
En voyage
Et qu'il peut traverser une armée
Sans armures et sans armes.

En lui
Le rhinocéros ne sait où planter sa corne
Le tigre ne sait où jeter ses griffes
L'arme ne sait où loger sa lame.
Pourquoi?
Car, pour lui, n'existe pas de royaume de mort[2].

1. Car ils connaissent la vie et la mort.
2. La vie et la mort ne sont pas séparées.

La voie leur donne vie
La vertu élève
La matière donne une forme
L'environnement les conduit à la maturité.

Ainsi la multiplicité des êtres
Révère la voie et honore la vertu
Sans incitation extérieure,
Spontanément, car c'est là l'ordre naturel.

La voie engendre
La voie nourrit
La voie fait croître
La voie abrite et protège.

Elle donne vie
Mais ne possède rien.
Elle fait du bien
Mais ne demande rien en retour.
Elle régit
Mais ne dirige rien.
Ceci est la vertu mystérieuse.

52

L'univers a une origine
Et cette origine
Pourrait être la mère de l'univers.

Qui connaît la mère
Peut connaître les enfants.
Qui connaît les enfants
Et adhère encore à la mère
De toute sa vie ne rencontrera le danger.

Fermer les ouvertures[1]
Clore les portes
Et durant la vie on ne s'épuise pas.

Ouvrir les ouvertures
Augmenter les troubles
Et jusqu'à la fin des jours
On se trouve loin de toute sauvegarde.

Percevoir
Est discernement.
Garder la souplesse
Est force.

User la clarté pour illuminer
Ne pas s'attirer le malheur
Revient à marcher dans la vertu constante.

1. Des sens.

Si je jouissais de la connaissance,
Marchant sur la grande voie,
Je craindrais seulement
Les chemins détournés.
Car la grande voie est facile
Mais le peuple préfère errer
Dans les chemins de traverse.

La cour est corrompue,
Les champs remplis de mauvaises herbes,
Les greniers sont vides.
Mais les habits sont somptueux,
Avec épées acérées au côté,
Et ventres pleins de boissons et de nourriture
Des possesseurs de puissance.

Ceci revient à organiser le vol
Et n'a rien à voir avec la voie.

Ce qui est bien enraciné ne sera pas arraché.
Ce qui est bien étreint ne glissera pas.
Ainsi le culte des ancêtres continuera
A être célébré par les fils et les petits-fils.

Cultivée en soi-même
La vertu s'avérera authentique.
Cultivée dans la famille
La vertu s'accroîtra.

Cultivée dans la communauté
La vertu durera.
Cultivée dans l'Etat
La vertu prospérera.
Cultivée dans le monde
La vertu persuadera[1].

Ainsi faut-il considérer
Autrui d'après soi-même
Les familles d'après sa propre famille
Les communautés d'après sa propre communauté
Les Etats d'après son propre Etat
Le monde d'après sa vision du monde.

Comment en effet connaître l'état du monde
Sinon de par soi-même ?

1. Pénétrera.

Celui qui possède la vertu en abondance
Est pareil à un nouveau-né.
Insectes et reptiles ne le piquent pas
Les fauves féroces ne l'attaquent pas
Les oiseaux rapaces ne fondent pas sur lui.

Ses os sont faibles et ses muscles mous
Mais sa poigne est ferme.
Il ignore l'union du mâle et de la femelle
Mais son membre viril se dresse
Car sa virilité[1] est en sa plénitude.
Il crie toute la journée
Sans s'enrouer
Car ses souffles sont en harmonie.

Connaître l'harmonie, voilà le constant.
Connaître le constant, voilà l'éveil.

Une vitalité naturelle qui se rend excessive[2]
Devient néfaste.
Un esprit qui domine les souffles[3]
Crée la force.

---

1. Vitalité.
2. Qui déborde, se déséquilibre.
3. Contrôle la respiration ou plutôt les différentes formes de respiration.

La puissance fait vieillir
Et quitter la voie.
Quitter la voie
C'est mourir prématurément.

Celui qui sait ne parle pas
Celui qui parle ne sait pas.

Clore les ouvertures
Fermer les portes
Emousser le tranchant
Dénouer les nœuds
Adoucir la lumière
Unifier les chemins

Ceci est la mystérieuse identité.

On ne peut s'approcher du tao
Ni s'en éloigner
On ne peut en tirer bénéfice
Ni lui porter préjudice
On ne peut l'ennoblir
Ni le diminuer

Ainsi est-il tenu en honneur.

Un Etat se gouverne par des lois strictes.
La guerre se gagne par la ruse.
Mais l'univers se gagne
Par le non-agir.

Je sais cela d'observation.

Plus il y a d'interdits, plus le peuple est pauvre
Plus il y a d'armes, plus le pays est troublé.
Le peuple a-t-il recours à l'habileté
Et d'étranges nouveautés apparaissent.
Plus croissent les lois et règlements
Et plus augmentera le nombre des voleurs et brigands.

Ainsi le sage dit :

Je ne fais rien et le peuple se transforme de lui-même
Je reste calme et le peuple se rectifie de lui-même
Je n'intrigue pas et le peuple prospère de lui-même
Je suis libre de désir
Et le peuple de lui-même atteint la simplicité[1].

1. L'état du bois brut non taillé.

58

A gouvernement indulgent
Peuple simple.
A gouvernement sourcilleux
Peuple rusé.

Le bonheur se perche sur le malheur.
Le malheur couche sur le bonheur.

Qui connaît la limite ?
La norme existe-t-elle ?
La règle se transforme en ruse
Le bien devient monstruosité
Et le peuple demeure perplexe.

Ainsi le sage
Est carré mais ne tranche pas.
Est pointu mais ne blesse pas.
Il ne se développe pas au détriment des autres
Et éclaire sans éblouir.

Pour gouverner les hommes en serviteur du ciel
Il faut pratiquer la modération.
Celui qui pratique la modération
Suit la voie depuis son origine.
Suivant la voie depuis l'origine
La vertu vient en abondance à lui.
Ayant la vertu en abondance
Il n'est rien qu'il ne puisse surmonter.
Sachant tout surmonter
Personne ne connaît ses limites.
Si personne ne découvre ses limites
Il peut posséder l'Etat.
Lorsqu'il possède la mère de l'Etat
Il peut durer.
Ceci est la voie des racines profondes,
Une fermeté qui fonde
Longue vie et vision durable.

60

Gouverner un grand pays
Revient à cuire un petit poisson[1].

Lorsque l'empire est dirigé en accord
Avec la voie
Les énergies perverses perdent de leur puissance
Car, bien qu'actives,
Elles influencent moins les hommes.

Si les énergies perverses ne sont pas nuisibles
Au peuple
De même l'esprit du sage ne nuit pas.
Si ces deux influx ne se nuisent pas
Naturellement
Leurs forces s'osmosent[2].

1. Il faut y porter la même attention qu'à l'art de la cuisine.
2. Conjuguent leurs effets. Image du binaire en œuvre dans le
cosmos, ying et yang, plus et moins, jours et nuits ; flux continu et
non dualité séparée.

Un grand pays se situe en aval
Là où tous les courants du monde se rejoignent.
Il est femme dans l'univers.

Passive, la femme
Conquiert l'homme.
Passive, elle se tient dessous.

Un grand pays s'abaisse devant un petit pays.
Passif
Il le conquiert.

Mais si un petit pays s'abaisse devant un grand pays
Passif
Il est conquis.

L'un, passif, conquiert.
L'autre, passif, est conquis.

Le grand pays veut prendre le petit
Sous sa protection.
Le petit pays veut voir ses services
Reconnus.

Chacun trouve ainsi sa juste place
Mais c'est au grand pays
De s'abaisser.

62

La voie est le refuge de la multiplicité des êtres.
Par elle l'homme de bien protège
Par elle l'homme qui souffre est protégé.

De belles paroles
Amènent haute position.
De belles actions
Amènent haute réputation.
Mais pourquoi rejeter
Un homme de peu ?

Lorsque l'empereur est intronisé
Et les trois ducs nommés ministres
Qui préférer ?
Celui qui offre des disques de jade
Précédé d'un équipage de quatre chevaux
Ou celui qui, sans bouger,
Offre la voie ?

Pourquoi cette voie est-elle reconnue
Depuis l'antiquité ?

N'est-ce point grâce à elle que
Quiconque demande
Reçoit
Quiconque transgresse
Se rachète ?

Pour cela donc le monde l'estime.

63

Agir sans agir.
Poursuivre sans se mêler.
Savourer le sans-goût.

Rendre le petit, grand
Et le peu, beaucoup.
A l'offense répondre par la vertu.

Accomplir le difficile
Avant qu'il ne se montre difficile.
Faire œuvre grande
En la commençant petite.

Les tâches difficiles
Doivent débuter facilement.
Les tâches grandioses
Doivent débuter petitement.

Ainsi le sage qui cherche la grandeur
Parvient à devenir grand.

Celui qui promet à la légère
Ne rencontre plus de confiance.
Celui qui considère tout facile
Rencontre de grandes difficultés.

Ainsi le sage considère la difficulté
De toutes choses
Et n'en rencontre jamais aucune.

64

Ce qui repose est facile à saisir.
Ce qui est latent est facile à régler.
Ce qui est fragile est facile à briser.
Ce qui est ténu est facile à dissoudre.

Agir sur ce qui n'est rien
Etablir l'ordre avant que le désordre ne s'établisse.

L'arbre qu'on enserre à deux bras
Naît d'un grain infime.
Un bâtiment de neuf étages
Naît de quelques poignées de terre.
Un voyage de mille lieues
Commence par un pas.

Qui agit inconsidérément
Court à l'échec.
Qui agrippe
Perd.

Ainsi le sage qui n'agit pas
Ne mène rien.
Et n'agrippant rien
Ne perd rien.

Dans leurs entreprises
Les gens échouent près du but.

Il faut autant veiller
A la fin qu'au commencement
Afin d'éviter l'échec.

Ainsi le sage ne désire rien
Et ne cherche pas à obtenir
Des choses difficiles à obtenir.
Il apprend sans apprendre
Et transforme l'erreur en bienfait
De façon à aider la multiplicité des êtres
Afin qu'ils agissent en accord avec la nature
Sans intervenir dans son flux.

65

Dans l'antiquité, les sages
Qui excellaient dans la pratique de la voie
N'en usaient pas pour éclairer le peuple
Mais pour le diriger.
Car un peuple est difficile à conduire
S'il en sait trop.

Ainsi conduire un peuple par l'intelligence[1]
S'avère une malédiction pour l'Etat.
Ne pas conduire un pays par l'intelligence
S'avère une bénédiction pour l'Etat.

Ceci est une règle de conduite.

Connaître cette règle
Est vertu mystérieuse.

La vertu mystérieuse est profonde et vaste.
Lorsque une parfaite osmose est réalisée
Elle sait s'en revenir vers les êtres.

1. La théorie.

66

Fleuves et mers peuvent régner
Sur les cent vallées
Car ils savent aller vers le bas.
Ainsi règnent-ils sur les cent vallées.

Ainsi, voulant diriger le peuple,
On doit s'abaisser devant lui en paroles.
Voulant se mettre à la tête du peuple
Il faut paraître le suivre.

Ainsi le sage est-il au-dessus du peuple
Sans peser sur lui.
Il dirige le peuple
Sans qu'il s'en aperçoive.

L'empire le supporte avec joie
Et sans se lasser
Car il ne s'oppose à personne et,
Personne ne s'oppose à lui.

67

On déclare que la voie est vaste
Et ne ressemble à rien.
En effet, vaste,
Elle ne ressemble à rien.
Ressemblerait-elle à quelque chose,
Elle deviendrait vite bien petite.

J'ai trois trésors
Que je garde et chéris.
Le premier est amour
Le second, frugalité
Le troisième, humilité.
Plein de compassion on peut se révéler généreux
Humble, on peut arriver à diriger.

Mais être courageux sans compassion
Généreux sans sobriété
Chef sans humilité
Mène à la mort.

Par la compassion
On peut triompher dans l'attaque
Et demeurer imbattable durant la défense.
Le ciel porte secours
A celui qui est doué de compassion.

Un véritable guerrier n'est pas belliqueux
Un véritable lutteur n'est pas violent
Un véritable vainqueur évite le combat
Un véritable chef reste humble devant ses hommes.

Ceci révèle
La vertu qui ne rivalise pas,
L'art de conduire les hommes,
L'union avec les lois cosmiques.

69

Un stratège de l'antiquité dit :
Je n'ose jouer à l'hôte
Mais plutôt à l'invité.
Je n'ose avancer d'un pouce
Mais préfère plutôt reculer d'un pied.

C'est là ce que l'on appelle :
Progresser sans errer sur les chemins
Manier sans l'aide des bras
Entraver sans affronter
Prendre sans armes.

Pas de désastre plus grand
Que de sous-estimer l'adversaire.
Qui le méprise
Risque de perdre son trésor.
Si les armes s'affrontent
Le vainqueur
Sera celui qui se bat
D'un cœur triste.

Mes paroles sont très faciles à comprendre
Et très faciles à mettre en pratique.
Pourtant personne ne les comprend
Et personne ne les pratique.

Ces paroles ont un ancêtre.
Cette pratique a un maître.
Mais les gens restent ignorants
Et les ignorent.

Ceux qui me comprennent
Sont rares.
Ceux qui me suivent
Sont estimables.

Ainsi, le sage
Vêtu de toile grossière
Cache en lui
Un jade sans prix.

Savoir
Et se dire que l'on ne sait pas
Est bien.
Ne pas savoir
Et se dire que l'on sait
Conduit à la difficulté.

Etre conscient de la difficulté
Permet de l'éviter.

Le sage ne rencontre pas de difficultés
Car il vit dans la conscience des difficultés
Et donc, n'en souffre pas.

Si le peuple ne craint plus le pouvoir
C'est qu'un pouvoir plus grand approche.

Ne pas limiter son espace vital
Ne pas l'empêcher de subsister
Ne pas le pressurer
Et le peuple ne se lassera pas.

Ainsi le sage se connaît lui-même
Mais ne se montre pas.
Il se respecte lui-même
Mais ne s'enorgueillit pas.

Il refuse ceci et accepte cela.

Celui qui est sans peur dans la témérité
Rencontre sa mort.
Qui est courageux avec sagesse
Reste en vie.
De ces deux attitudes
L'une est profitable
L'autre est nuisible.

Le ciel rejette ce qu'il rejette
Qui sait pourquoi ?

Ainsi le sage
Voit partout la difficulté.

La voix du tao
Vainc sans affrontement.
Elle trouve réponse
Sans avoir parlé.
Elle attire sans appeler
Et révèle ses plans
Sans effort.
Le filet du ciel est vaste :
Malgré ses larges mailles
Rien ne passe au travers.

74

Si le peuple ne craint plus la mort
Comment l'effrayer avec la peine de mort ?

Si le peuple gardait toujours présente
La crainte de la mort
Et si l'on arrêtait et mettait à mort
Celui qui viole la loi
Qui oserait alors outrepasser ?

Pour tuer existe l'exécuteur[1].
Si l'on tue à la place de l'exécuteur
On taille le bois à la place du charpentier.
Jouer au maître à la place du maître
Tailler le bois à la place du charpentier
Rares alors sont ceux qui
Ne s'y entaillent pas les mains.

1. Représentant le pouvoir de mort.

75

Les gens ont-ils faim ?
Les gouvernements s'engraissent d'impots
Et le peuple reste affamé.

Les gens sont difficiles à gouverner
Or, les gouvernements les poussent à bout
Et le peuple se dirige d'autant plus mal.

Les gens méprisent la mort
Car ils veulent rester en vie :
Aussi ne craignent-ils pas la mort.

Seul celui qui n'use pas la vie
S'avère plus sage
Que celui qui la prise.

Un être humain en vie
Est souple et tendre.
Mort, il est dur et raide.

Les herbes et les arbres en vie
Sont flexibles et fragiles.
Morts, ils sont secs et recroquevillés.

Ainsi dureté et rigidité
Sont compagnons de la mort.
Fragilité et souplesse
Sont compagnons de la vie.

Une arme puissante ne vaincra pas.
Un arbre solide sera coupé par la hache.

Le grand et le fort sera abaissé.
Le souple et le fragile sera élevé.

77

La voie du ciel
Est comme un arc tendu.
Le haut est courbé
Le bas est relevé
La tension libérée
La détente retrouvée.

C'est la voie du ciel
De prendre ce qui est en excès
Pour combler ce qui est en manque.
La voie de l'homme est contraire :
Elle prend à ceux qui ont peu
Pour donner à ceux qui ont trop.

Mais qui sait donner
Ce qu'il a en excès
Et le donner au monde ?
Seul celui qui possède la voie.

Ainsi le sage donne
Sans rien attendre
Car il ne veut pas
Etre considéré
Meilleur qu'autrui.

Rien n'est plus souple et faible
Au monde, que l'eau.
Pourtant pour attaquer
Ce qui est dur et fort
Rien ne la surpasse
Et personne ne pourrait l'égaler.

Que le faible surpasse la force
Que le souple surpasse le dur
Chacun le sait.
Mais personne ne met ce savoir en pratique.

Ainsi le sage dit
Que celui qui prend sur lui la boue
De l'empire
Se révèle le seigneur des esprits
De la terre et des graines.
Que celui qui prend sur lui les calamités
De l'empire
Est le souverain de tous les Etats.

Les paroles vraies
Paraissent paradoxales.

Lorsque après une grande querelle
La paix est faite
Si un ressentiment demeure
Comment cela pourrait-il être
Jugé parfait ?

C'est pourquoi le sage
S'en tient à sa dette
Mais n'exige rien des autres.

Un homme de vertu
Exécute ses obligations.
Un homme sans vertu
Exigera avec intérêt.

La voie du tao
Ne favorise personne
Mais elle est toujours ouverte
A l'être en quête.

Garder la taille de la population petite
S'assurer que le peuple a des armes
Mais qu'il ne les emploie pas
Qu'il n'est pas disposé à voyager au loin
Et qu'il ne considère pas la mort comme futile.

Bateaux et chars
Sont utilisés le moins possible.
Armures et armes
Ne sont pas déployées.
La cordelette à nœuds
Sert d'écriture.
La nourriture est savoureuse
Les habits sont beaux
On est content dans sa maison
On apprécie une vie simple.

Les pays voisins sont à portée de vue.
Coqs et chiens échangent chants et aboiements.
Les gens meurent de vieillesse
Sans bouger.

Paroles vraies ne sont pas séduisantes.
Belles paroles ne sont pas vraies.
Les bonnes paroles n'argumentent pas.
Les arguments ne font que discourir.
Celui qui sait n'a pas un large savoir.
Un large savoir ne connaît rien.

Le sage n'amasse pas.
Accordant tout
Il reçoit encore plus.
Donnant tout
Il obtient toujours plus.

La voie du ciel
Avantage sans nuire.

La voie du sage
Est d'agir généreusement
Sans combat.

TABLE

*L'impression et le brochage de ce livre
ont été effectués par B.C.I.
à Saint-Amand-Montrond (Cher)
pour les Éditions Albin Michel*

*Achevé d'imprimer en avril 1995.
N° d'édition : 14606. N° d'impression : 1/1123.
Dépôt légal : avril 1995.*